BOEKANALYSE

AF131986

Verslag van Brodeck

• • • • • • • • • • • • • • • • • •

PHILIPPE CLAUDEL

BOEKANALYSE

Geschreven door Cécile Perrel
Vertaald door Nikki Claes

Verslag van Brodeck

PHILIPPE CLAUDEL

Kennis binnen handbereik!

MUST READ

www.50minutes.com
Fris uw favoriete onderwerpen op
met onze praktische titels

PHILIPPE CLAUDEL

FRANSE SCHRIJVER EN REGISSEUR

- **Geboren in Dombasle-sur-Meurthe (Frankrijk) in 1962.**
- **Opmerkelijke werken:**
  - *Grey Souls* (2003), roman
  - *Monsieur Linh en zijn kind* (2005), roman
  - *Petite fabrique des rêves et des réalités* ("Het maken van dromen en realiteiten", 2008), roman

Philippe Claudel is een Franse schrijver en regisseur. Hij is tevens hoofddocent aan de Universiteit van Nancy en professor aan het Europees Instituut voor de audiovisuele sector en de film. Hij heeft les gegeven aan gevangenen en gehandicapten. Hij is ook de auteur van meer dan 20 boeken, die in tientallen talen zijn vertaald en vele prijzen hebben gewonnen, waaronder *Grey Souls*, *Monsieur Linh and His Child* en *Brodeck's Report*. Claudels eerste film, *I've Loved You So Long*, kwam uit in 2008. Het thema van de oorlog en de gevolgen ervan is in verschillende van zijn werken terug te vinden.

VERSLAG VAN BRODECK

EEN OORLOGSHERINNERING

- **Genre**: roman
- **Referentie-uitgave**: Claudel, P. (2010) *Het verslag van Brodeck*. Trans. Cullen, J. Londen: Quercus.
- **1e druk**: 2007
- **Thema's**: Tweede Wereldoorlog, moord, angst, waanzin, onderzoek, memoire

Brodeck's Report werd gepubliceerd in 2007. Het gaat over een man genaamd Brodeck, die in een afgelegen dorp woont. Op een dag wordt de enige buitenlander in het dorp vermoord door de andere dorpelingen. Omdat Brodeck de enige is die kan typen en een typemachine heeft, wordt hem gevraagd een nauwkeurig en gedetailleerd verslag te schrijven om te bewijzen dat er niets illegaals aan de moord was. Hij was er echter niet bij toen het gebeurde, en dus begint hij informatie te verzamelen. De lezer volgt hem in deze taak, die zo nu en dan wordt onderbroken door zijn herinneringen aan zijn gevangenschap in een concentratiekamp tijdens de Tweede Wereldoorlog (1939-1945). Brodeck moet schrijven over het onzegbare en stelt zich vragen over het ware gezicht van de menselijke natuur.

SAMENVATTING

OORLOGSWONDEN

Brodeck woont in een klein bergdorpje met zijn gezin: zijn vrouw Emélia, hun dochter Poupchette en Fédorine, een oude vrouw die voor hem zorgde toen hij een kind was. Hij ontmoette zijn vrouw tijdens zijn studie in de stad S. dankzij de bewoners van zijn dorp. In die tijd spanden ze allemaal samen om iemand naar de universiteit te sturen, en Brodeck was de meest begaafde.

Al snel deden geruchten de ronde over het verzamelen van troepen aan de grens, en in de stad braken arbeidersdemonstraties uit. Brodeck nam er echter niet aan deel. Op een nacht braken er rellen uit: de winkels van de *Fremdër* ("buitenlanders", "verraders" of "vuiligheid") werden vernield. Brodeck keek zelfs hulpeloos en verontwaardigd toe hoe een oude man werd vermoord. Hij ging vervolgens naar het huis van Emélia om haar ten huwelijk te vragen, en de twee ontvluchtten de stad om hun toevlucht te zoeken in het dorp. Als gevolg daarvan gaf hij zijn studie op.

Enige tijd na het begin van de oorlog kwam een vijandelijke troep, de *Fratergekeime genaamd*, onder leiding van kapitein Buller naar het dorp. In het begin was het leven met het leger erg moeilijk voor de dorpelingen. Buller eiste de "zuivering" van het dorp. Hij drong zo sterk aan dat de burgemeester, evenals enkele andere belangrijke mannen in het dorp, de namen opschreef van de enige twee dorpelingen die elders geboren waren: Brodeck en Simon Frippman. Beiden werden gearresteerd en gescheiden. Brodeck werd naar een kamp gestuurd, waar hij als een beest werd behandeld. Elke dag werd in het kamp een willekeurige man gekozen om in het openbaar te worden opgehangen om de vrouw van de directeur een plezier te doen. Brodeck leefde daarom in constante angst, niet wetende of hij het zou overleven. Toen hij terugkeerde, kon hij niemand, behalve Fédorine vertellen over de verschrikkingen die hij had meegemaakt.

Terwijl Brodeck gevangen zat, was Emélia ook getekend door de oorlog. Op een dag werden drie jonge meisjes, die duidelijk op de vlucht waren, in het bos gevonden en naar de soldaten gebracht. Emélia, die hen kwam verdedigen, werd samen met hen opgesloten en de soldaten deden met hen wat ze wilden. De volgende dag vond Fédorine de drie jonge meisjes dood: ze waren allen verkracht en gemarteld, zowel door de soldaten als door enkele dorpelingen. Alleen Emélia overleefde het, maar de ervaring heeft haar getekend. Ze trok zich terug in stilte en zelfs de terugkeer van haar man was niet genoeg om haar stem te herstellen. Emélia baarde Poupchette als gevolg van de verkrachting, en Brodeck erkende haar als zijn dochter en hield van haar met heel zijn hart.

DE MOORD OP DE VREEMDELING

De oorlog is eindelijk voorbij. Op een nacht, als hij de herberg van Schloss binnengaat, loopt Brodeck binnen bij de andere mannen van het dorp, die net een moord hebben gepleegd. Ze hebben de man gedood die bekend staat als de Anderer, een buitenlander die kort daarvoor in het dorp komen wonen.

De dorpelingen nemen het collectieve besluit om Brodeck te vragen een verslag te schrijven (voor het dorpsarchief) over wat er zojuist gebeurd is, zodat ze niet veroordeeld worden en het duidelijk zal zijn dat ze in hun recht gehandeld hebben. De *Anderer had* de bewoners een ongemakkelijk gevoel gegeven en het evenwicht in het dorp verstoord met zijn zwijgzame, gemanierde en oplettende aanwezigheid en houding. Ze wezen hem volledig af, niet opgewassen tegen zijn brutaal eerlijke beschrijvingen van hen die hun verborgen gebreken blootlegden. Ondanks zijn afkeer van de dorpelingen kan Brodeck niet anders dan zich erbij neerleggen. Brodeck beschrijft zijn jeugd parallel aan het verhaal van de dorpsmisdaad, die hij de *Ereigniës* noemt. Hij vertelt over zijn jeugd, zijn leven met Fédorine, zijn aankomst in het dorp, zijn studies in S., zijn ontmoeting met Emélia, terugkeer naar het dorp, de oorlog en de hel die hij in het doorstaan.

De dag na de tragedie begint Brodeck informatie te verzamelen om zijn verslag te schrijven. De *Anderer* arriveerde op een dag in mei in het dorp, gekleed in excentrieke kleren die hem deden opvallen in de eenvoudige omgeving, samen met zijn paard, Mademoiselle Julie, en zijn ezel, Monsieur Socrate. De andere dorpelingen wantrouwden en vreesden hem onmiddellijk. Sinds het einde van de oorlog was er geen buitenlander meer in het dorp gekomen. Brodeck daarentegen was blij een nieuw gezicht te zien. De gewoonten van de *Anderer werden* echter vanaf het begin niet gewaardeerd door de andere dorpelingen. Hij had zeer vreemde manieren van doen, was overdreven geïnteresseerd in zijn uiterlijk en gedroeg zich zeer ongewoon, vooral met zijn dieren, die hij als echte mannen behandelde.

Brodeck beseft al snel dat de mannen van het dorp hadden afgesproken om elkaar op de avond van de moord te ontmoeten en vraagt zich af waarom hij niet is uitgenodigd. Het blijkt dat Brodeck de andere dorpelingen bang heeft gemaakt sinds hij terug is uit het kamp, deels omdat ze zich schuldig voelen over hun betrokkenheid bij de hel die hij heeft moeten meemaken, en deels omdat hij door de verschrikkelijke ervaring van de kampen niet meer is zoals de anderen. Hun schuldgevoel slaat op papier wanneer de *Anderer* een aantal portretten van de dorpelingen maakt, die hij op een dag in de herberg van Schloss tentoonstelt. Dit is de gebeurtenis die alles in gang zet: de bewoners konden de aanwezigheid van deze vreemdeling niet langer verdragen.

Kort na het begin van zijn verslag beseft Brodeck dat er iemand in de kamer is geweest waarin hij typt. De kamer behoorde vroeger toe aan Brodecks vriend Diodème, de leraar van het dorp. De indringer heeft de boel overhoop gehaald in een poging zijn documenten te vinden, maar zonder succes. Het is op dat moment dat Brodeck een brief aan hem ontdekt van Diodème, verborgen in een lade. De leraar stierf enkele weken geleden onder mysterieuze omstandigheden. De brief blijkt een bekentenis te zijn: Diodème legt uit waarom Brodeck is gearresteerd en naar het kamp gestuurd.

Tijdens zijn onderzoek naar de precieze omstandigheden van de dood van de *Anderer* ontdekt Brodeck dat de burgemeester de vreemdeling had gevraagd het dorp te verlaten, wat hij niet deed. Een paar dagen later werden het paard en de ezel van de *Anderer* verdronken in de rivier gevonden, hun benen aan elkaar gebonden. Zijn eigen dood volgde slechts twee dagen later. Door de gebeurtenissen na te lopen legt Brodeck dus het verband en ontdekt hij de reden van de moord: de *Anderer had de* verborgen gezichten van de dorpelingen in de portretten die hij van hen had gemaakt.

Als zijn werk af is, geeft Brodeck het aan Orschwir, de burgemeester. De man verbrandt het, en beweert dat het geheugen een uiterst gevaarlijke zaak kan zijn. Brodeck kan niet langer leven tussen deze mannen, die hij sinds zijn terugkeer uit het kamp ongemakkelijk heeft gemaakt, en hij besluit het dorp te verlaten met Fédorine, Emélia en Poupchette.

KARAKTERSTUDIE

BRODECK

Hoewel Brodeck de hoofdpersoon van het verhaal is, krijgen we nooit zijn volledige naam, zijn leeftijd of zelfs zijn nationaliteit te horen. We kunnen echter aannemen dat hij rond de 30 is, aangezien hij de tijd heeft gehad om te gaan studeren, te trouwen en weer in het dorp te gaan wonen.

Hij is een wees die Fédorine vond in een vervallen huis, in een land dat nooit is geïdentificeerd. Fédorine besluit hem in huis te nemen, en de twee verhuizen naar het dorp, waar ze beiden nog steeds wonen.

Brodeck bleek academisch begaafd en werd door de rest van het dorp naar de Universiteit van S. gestuurd. Hier ontmoette hij Emélia, zijn toekomstige vrouw. De oorlog gooide echter roet in het eten. Omdat hij uit een vreemd land komt, werd hij gedeporteerd naar een concentratiekamp, waar hij als een beest werd behandeld. Hij werd gedwongen zich als een hond te gedragen, op handen en voeten te lopen, een halsband en een riem te dragen en uit een kom te eten: de bewakers noemden hem "Brodeck-de-Hond" (hoofdstuk 38). Brodeck slaagde er echter in deze marteling te overleven en terug te keren naar het dorp.

Ondanks deze verschrikkelijke ervaring is Brodeck niet verbitterd en oordeelt hij niet over mensen. Hij is een uiterst gevoelige, wijze man. Hij heeft menselijk gedrag te observeren en te interpreteren. Hij gebruikt zijn gezond verstand om de dood van de *Anderer te* verklaren, en zijn verslag is gebaseerd op de feiten: "Ik heb het eenvoudig gehouden. Ik heb geprobeerd het verhaal waarheidsgetrouw te vertellen. Ik heb niets verzonnen. Ik heb niets veranderd". Terwijl hij informatie verzamelt voor zijn verslag (en wanneer de vrucht van zijn arbeid wordt verbrand), realiseert hij zich dat ook hij de dorpelingen bang en boos maakt. Daarom besluit hij het dorp te verlaten om eindelijk zijn leven te kunnen leiden.

DE *ANDERER*

De *Anderer* is een man waar je moeilijk een leeftijd op kunt plakken. Hij heeft blond krullend haar, een kinderlijk gezicht en ronde wangen:

> "Hij had altijd een grote glimlach op zijn gezicht, een glimlach die vaak de plaats innam van woorden, die hij geneigd was spaarzaam te gebruiken. Hij had mooie, jade-groene ogen, heel rond en licht uitpuilend, wat zijn blik nog indringender maakte."

Zijn uiterlijk stoort de dorpelingen omdat hij zich niet kleedt zoals zij: hij draagt geborduurde kleren van duur materiaal.

Niemand weet zijn naam of waarom hij naar dit specifieke dorp is verhuisd. Hij brengt zijn tijd door met tekenen en aantekeningen maken in een klein notitieboekje, wat de dorpelingen nerveus maakt, omdat ze het gevoel hebben dat hij hen bespioneert. Op een dag hoort Brodeck een gesprek dat de naderende tragedie aankondigt: "Misschien heb je gelijk [...] misschien mag dat notitieboekje nooit ergens heen. Of misschien is de persoon van wie het is degene die niet weg kan, nooit".

Hoewel hij in het dorp woont, leeft de *Anderer* apart en mengt zich niet met de anderen. Hij spreekt echter af en toe met Brodeck, die, omdat hij om een of andere reden het gevoel heeft hem te kunnen vertrouwen, hem vertelt wat er met hem en Emélia is gebeurd.

De algemene nieuwsgierigheid die hij bij de dorpelingen wekt, verandert langzaam in haat. Het vertonen van de portretten is de druppel: ze liggen te pijnlijk bij de waarheid voor de dorpelingen om te accepteren. Ze tonen hun echte gezichten: "ze zeiden […] dingen die nooit gezegd hadden mogen worden, en ze onthulden waarheden die zorgvuldig waren gesmoord".

FÉDORINE

Fédorine nam Brodeck op vierjarige leeftijd in huis, toen hij net zijn ouders had verloren. Ze zorgde voor hem als een moeder en bracht hem ver weg van zijn verwoeste huis en zijn dode ouders. Het is onmogelijk te zeggen hoe oud ze is, en Brodeck zegt zelfs:

> "Ik weet niet of Fédorine ooit jong is geweest. Ik heb haar altijd verwrongen en gebogen gezien. […] Zelfs toen ik een klein kind was en ze me in huis nam, zag ze er al uit als een gehavende oude heks."

Als hij terugkeert uit het kamp, is zij degene die voor hem zorgt. Zij kent remedies en drankjes om ziekte en koorts te verlichten. Zij is ook degene die voor Poupchette zorgt, omdat Emélia, getraumatiseerd door de gebeurtenissen, niet in staat is een moeder te zijn. Ze vertrouwt Brodeck met haar leven, maar bemoeit zich niet met de dorpelingen, omdat ze hen zeer wantrouwt.

EMÉLIA

Emélia is de vrouw van Brodeck. Ze ontmoette hem toen hij studeerde in S. , waar ze werkte als borduurster. Ze trouwde met hem en ging met hem mee naar zijn dorp toen de oorlog uitbrak.

Zij is buitengewoon mooi, en het is dankzij zijn herinneringen aan haar dat Brodeck zich in het kamp heeft verzet en de moed heeft gevonden om de hel te overleven. De oorlog liet haar ook littekens na: nadat ze moedig drie jonge meisjes had verdedigd die door soldaten waren verkracht, werd ze zelf ook verkracht en voor dood achtergelaten. Na deze aanranding beviel ze van een klein meisje, Poupchette genaamd.

Door deze ervaring verliest ze het vermogen om te spreken en stopt ze met communiceren met mensen. Ze lijkt echter weer een beetje tot leven te komen aan het eind van de roman, als het gezin zich opmaakt om het dorp te verlaten. Ze knijpt in de nek van haar man, alsof ze hem wil aanmoedigen om voorgoed deze plek te verlaten waar ze zoveel verschrikkingen hebben meegemaakt en waar de mensen met wie ze leefden hen hebben verraden. Dit is een onmiskenbaar teken dat de gedachte aan vertrek haar bemoedigt.

DE DORPELINGEN

De dorpelingen lijken een kleine homogene groep te vormen; ze zijn net zo goed een personage als Brodeck of Emélia. Ze handelen samen, als een eenheid, wat soms nogal beklemmend kan overkomen. Er zijn echter een paar mannen die opvallen:

- **Diodème, de dorpsonderwijzer en vriend van Brodeck**. Aan het begin van het boek vernemen we dat hij drie weken geleden is gestorven: waarschijnlijk heeft hij zelfmoord gepleegd. Hij heeft het zichzelf nooit kunnen vergeven dat hij Brodeck heeft verraden aan de soldaten in het dorp. Brodeck verneemt uiteindelijk de waarheid van zijn arrestatie uit een brief van Diodème. Hij was een goed man. Hij was niet bij de *Ereigniës*, want hij was weg uit het dorp toen het gebeurde.

- **Hans Orschwir, de burgemeester van het dorp**. Hij nam deel aan de *Ereigniës* en legt Brodeck uit wat hij van zijn rapport wil. Hij beschouwt zichzelf als de beschermer van de vrede in het dorp. Hij spreekt vaak in metaforen. Hij vergelijkt bijvoorbeeld de mensen met de varkens die hij fokt:

> *"Ze zijn in staat om hun eigen broeders te eten, hun eigen vlees. Het zou hen niet storen – voor hen is het allemaal hetzelfde. [Omdat ze alles eten, Brodeck, zonder vragen. En ze denken niet na, Brodeck, zij niet. Ze kennen geen wroeging. Ze leven. Het verleden is hun onbekend. Ze hebben het juiste idee, denk je niet? "*

Orschwir behoort tot degenen die met de vijand hebben samengewerkt toen het dorp werd bezet. Hij zegt herhaaldelijk dat het geheugen een gif is dat moet worden verwijderd en daarom verbrandt hij het verslag van Brodeck.

- **Göbbler, Brodecks naaste buur**. Göbbler houdt zijn buurman 's nachts in de gaten terwijl hij zijn verslag typt. Toen het dorp door vijandelijke troepen werd bezet, overtuigde hij de dorpelingen ervan dat de bezetting positieve kanten had en werd hij een soort burgemeester. Hij was vaak in de tent van Adolf Buller, de kapitein van de groep soldaten die in het dorp gelegerd waren. Toen de drie jonge meisjes op de vlucht bij hem werden gebracht, besloot hij hen uit te leveren aan de vijand, terwijl hij heel goed wist dat hij hun doodvonnis tekende. Hij is een slechte man zonder scrupules.

- **Dieter Schloss, de eigenaar van het grootste café van het dorp, de herberg van Schloss.** Ondanks het feit dat er bijna nooit reizigers zijn, heeft de herberg vier kamers, waarvan de *Anderer* er één bewoont tijdens zijn verblijf in het dorp. De herberg is ook de plaats waar het onbespreekbare voorval plaatsvond: de moord op de *Anderer*. Gedurende het boek blijkt Schloss net zo te zijn als de meeste dorpelingen: een meeloper, of misschien zelfs een opportunist, maar niet echt slecht: "Ik deed wat me gezegd werd, dat is alles. Ik wil geen problemen […] Ik ben maar een eenvoudige man […] maar ik ben niet de slechtste, weet je". De herbergier bekent twee keer aan Brodeck. De tweede keer vertelt hij over een gesprek dat hij heeft opgevangen tussen de *Anderer* en de burgemeester. Dit verhaal doet Brodeck inzien dat de dorpelingen al voor de moord bedreigende gedachten en gevoelens koesterden tegen de *Anderer*.

ANALYSE

EEN UNIVERSELE ROMAN

Het is niet gemakkelijk een universele roman te schrijven die iedereen raakt. De schrijver moet verder gaan dan zijn eigen culturele gevoeligheid en opvattingen over de wereld om een boek te maken waar iedereen zich in kan vinden. Claudel slaagt er met *Het verslag van Brodeck* in deze moeilijke taak te volbrengen.

Ongedefinieerde ruimtelijke en temporele elementen

Om dit doel te bereiken gebruikt de auteur een heel eenvoudige techniek: hij laat de lezer in het ongewisse over de plaatsen en de tijd waarin zijn verhaal zich afspeelt. Wanneer plaatsnamen of elementen van het landschap in het verhaal voorkomen, zijn ze allemaal door de auteur verzonnen. Zo zijn de Staubi-rivier en de bergen die aan de horizon te zien zijn, evenals de Hunterpitz en de drie Schnikelkopf allemaal fictief. Claudel kiest er ook voor om de naam van de hoofdplaats terug te brengen tot zijn eenvoudigste uitdrukking: een enkele letter, S. Ook laat hij bepaalde informatie, zoals de naam van het dorp, gewoon weg. De wazigheid van de ruimtelijke en temporele informatie die we krijgen is de belangrijkste prestatie van de roman: als het nergens gesitueerd is, kan het overal gesitueerd zijn. Hetzelfde geldt voor het tijdsbestek: er wordt nooit een datum genoemd. Het verhaal kan dus op elke plaats en elke tijd worden toegepast.

Er zijn echter verschillende aanwijzingen in het verhaal waardoor we onbewust de locatie kunnen bepalen:

- De bergachtige omgeving en de oud-Germaans klinkende taal beperken de setting tot Midden-Europa.

- De beschrijving van de *Fratergekeime* doet onmiddellijk denken aan de nazisoldaten die Brodecks menselijkheid ontkenden door hem als een dier te behandelen toen hij in het kamp zat. De verteller beschrijft hen als volgt:

> *"… mannen zoals wij. Omdat ik in hun hoofdstad naar de universiteit ging, kende ik ze toevallig goed. Wij gingen met sommigen van hen om omdat zij vaak ons dorp bezochten […] en een taal spraken die het tweelingzusje is van de onze en die wij met weinig moeite begrijpen".*

- De hoofdstad waar Brodeck studeerde heet gewoon S. Dit zou echter ook een aanwijzing kunnen zijn: in de jaren twintig vestigde de nazi-regering haar hoofdkwartier in Stuttgart, een voormalige Midden-Europese hoofdstad.

- De *Pürische Nacht,* de opstand waarvan Brodeck in S. getuige was, heeft meer dan een paar dingen gemeen met de Nacht van Gebroken Glas (9-10 november 1938), een dag en nacht van anti-joodse oproer, plundering, vernieling en lynchpartijen die gelijktijdig in heel nazi-Duitsland plaatsvonden. Veel Joodse winkels en gebedshuizen werden geplunderd.

Deze aanwijzingen lijken het boek te verankeren in nazi-Duitsland: de haat tegen buitenlanders, oorlog en collaboratie; het vandalisme; de Duits klinkende taal; de kampen; enzovoort. Claudel gaf echter toe dat hij niet "een boek over de Holocaust" wilde schrijven, daar zijn er al duizenden van. *Het verslag van Brodeck speelt* zich af in Oost-Europa, preciezer kan het niet. Fransen zullen geneigd zijn te denken dat het zich in de Elzas afspeelt, vanwege het dialect dat ik heb verzonnen. Sommige van mijn Duitse vrienden dachten echter aan Oostenrijk. Het voormalige Joegoslavië komt ook in me op…"[1] (Leménager, *Philippe Claudel: Le Rapport de Brodeck est une parabole sur la Shoah,* 2007). Hier bevestigt de auteur zijn wens om een universeel boek te schrijven, en zich niet te concentreren op een bepaalde gebeurtenis. Voor hem is een "historische thesis vermomd als roman" (ibid.) oninteressant: je kunt net zo goed een echt gedocumenteerd geschiedenisboek kopen.

Het dorp: een microkosmos van de samenleving

De auteur licht de sluier van het mysterie dus niet helemaal op. Om zijn verhaal universeel te maken, gebruikt Claudel een andere techniek: hij creëert een microkosmos van de samenleving in het dorp om de samenleving als geheel af te beelden.

Het dorpsleven, en het leven in de samenleving als geheel, is onderverdeeld in drie perioden:

- **Voor de oorlog zijn** de dorpelingen, ondanks hun isolement, gastvrij. Reizigers worden hartelijk begroet in de herberg: ze brengen een frisse wind die het dorp tot leven brengt. Wie langer wil blijven, wordt met open armen ontvangen, zoals Fédorine en Brodeck: "Ze hebben ons in de hut ondergebracht en ons duidelijk gemaakt dat we er één nacht of meerdere jaren konden blijven". Immers, "in die

----

1. Dit citaat is vertaald door BrightSummaries.com.

tijd was men nog niet bang voor vreemdelingen, zelfs niet als ze de armsten der armen waren".

- **Tijdens de oorlog** vervangt angst hun vroegere solidariteit: de bezetters bevelen en de dorpelingen gehoorzamen. Het is beter om enkelen op te offeren voor het overleven en de vrede van de rest van het dorp. Er is maar één persoon nodig, Göbbler, die de lof van de bezetters bezingt om de twijfelaars te overtuigen. Het resultaat is dat ze Brodeck en Frippman, die ze eerder als broeders behandelden, aangeven.

- **Na de oorlog** vervagen de littekens niet: de lucht is nog steeds geladen met wantrouwen en wie anders is met wantrouwen bekeken. Brodeck wordt in de gaten gehouden en op een afstand gehouden; in werkelijkheid wordt hij gewoon getolereerd in een dorp waar "de herinnering voorbestemd was om nog eeuwen te wegen" vanwege de gruwel van de kampen en de collaboratie, net als de rest van de bevolking die niets deed tijdens het conflict. De komst van de *Anderer wordt* nu begroet op een manier die verre van spontaan of gastvrij is. Bovendien maakt het feit dat hij anders is hem het perfecte doelwit.

Hierdoor begint de lezer te begrijpen waardoor een samenleving zich gedraagt en reageert zoals ze doet door het leven in het dorp. We zouden ons dus in elk willekeurig dorp kunnen bevinden, met alle dorpelingen – hier beschreven als een menigte die de kudde volgt zonder al te veel vragen te stellen – alle opportunistische leiders, zoals Orschwir en Göbbler, en alle slachtoffers, zoals Brodeck en de *Anderer*.

GEHEUGEN EN SCHULDGEVOEL

Wanneer de oorlog in de roman ten einde loopt, wordt op het dorpsplein een monument opgericht voor de gevallen dorpelingen. Brodecks naam staat er ook op, want hij zit nog steeds gevangen in het kamp. Dit lijkt de dorpelingen te kalmeren en hun schuldgevoel te sussen. Ze hebben misschien een vreselijke daad begaan door hem aan te klagen en naar een kamp te sturen, maar ze eren zijn nagedachtenis door zijn naam op het monument te schrijven. De dorpelingen weten echter niet dat Brodeck het heeft overleefd. Wanneer hij terugkeert naar het dorp, duidelijk nog in leven, zijn ze gedwongen zijn naam uit te wissen, en langzaam begint wrok in hun harten wortel te schieten. Zijn dood zou hen in staat hebben gesteld vrede met zichzelf te hebben: Ze geloofden dat het bouwen van een monument voldoende was om hun zonden uit te wissen. De terugkeer van Brodeck dwingt hen echter hun verraad opnieuw onder ogen te zien. Brodeck is een spiegel die de laagheid van de dorpelingen weerspiegelt, en daarom wordt hij verworpen.

Bijgevolg zien we dat het geheugen als iets negatiefs wordt beschouwd: het moet worden geneutraliseerd, want er kan niets goeds uit voortkomen. Dit wordt bevestigd door de burgemeester wanneer hij Brodeck vertelt dat:

> *"Alles wat tot gisteren behoort, behoort tot de dood, en het belangrijkste is te leven. Ik weet dat je dat heel goed weet, Brodeck – je kwam terug van een plek waar mensen niet van terugkomen […] De kudde rekent op mij om haar te beschermen tegen elk gevaar, en van alle gevaren is de herinnering een van de vreselijkste."*

Vergeten schijnt de sleutel te zijn tot een gelukkig leven.

De wens om een verslag op te stellen volgt dezelfde logica: de dorpelingen willen het om hun geweten te sussen, maar als het eenmaal af is, willen ze het liever kwijt en zich bevrijden van deze overweldigende herinnering. Brodeck kan echter niet vergeten en daarom kiest hij ervoor het dorp te verlaten.

EEN VEELZIJDIGE SCHRIJFSTIJL

Persoonlijk en poëtisch

In overeenstemming met de universaliteit van de roman trekt de schrijfstijl van de auteur de lezer onweerstaanbaar mee in een verhaal waarvan hij zich niet volledig kan losmaken: de lezer raakt zeer gehecht aan Brodeck, omdat hij intieme toegang krijgt tot zijn gedachten. Dit pijnlijke verhaal over een verspild leven grijpt onze aandacht en raakt ons diep. Er zijn verschillende schrijftechnieken die dit effect bewerkstelligen:

- **Het gebruik van de eerste persoon enkelvoud**. De keuze om het boek in de eerste persoon enkelvoud te schrijven drijft de lezer in het hart van het verhaal. We worden zo de vertrouwelingen van de hoofdpersoon en krijgen een bevoorrechte kijk in zijn persoonlijke leven. De lezer krijgt daardoor een vertrouwde relatie met de verteller, die een goede vriend wordt. Bovendien contrasteert deze "ik" met de menigte, met de massa van anderen, wat de band tussen de lezer en dit specifieke individu versterkt.

- **De structuur**. Deze persoonlijke toon wordt gecombineerd met het schrijven van Brodecks "intieme boek". Zijn Verslag is een soort autobiografie waarin hij zijn verhaal vertelt, een combinatie van schokkende gebeurtenissen uit heden en verleden. Voor hem weerspiegelt het verhaal zijn leven: "Als mijn verhaal lijkt op een monsterlijk lichaam, dan is dat omdat het gemaakt is naar het beeld van mijn leven, dat ik niet heb kunnen bevatten, dat gaat razen en te gronde gaat".

- **Het verschijnen van herinneringen**. Herinneringen duiken plotseling weer op, botsen tegen elkaar op en vermengen zich tot een soort "wirwar".

> *"Als ik de bladzijden van mijn verslag tot nu toe lees, zie ik dat ik me met mijn woorden beweeg als opgespoord wild op de vlucht, sprintend, zigzaggend, proberend de honden en jagers in hete achtervolging op een dwaalspoor te brengen. Deze wirwar bevat alles. Ik stort mijn leven erin. Schrijven is opluchting voor zowel mijn hart als mijn maag."*

Geconfronteerd met deze aarzelende bekentenis kan de lezer noch onverschillig blijven, noch afstand nemen. De auteur legt dus een bijna intieme band tussen zijn personage en de lezers.

Ondanks zijn uiterst moeilijke leven slaagt Brodeck er toch in schoonheid in de wereld te vinden. Hij is lyrisch over de natuur en het landschap, de kinderlijke vitaliteit van de kleine Poupchette en de stille schoonheid van zijn vrouw Emélia.

Brodeck slaagt er zelfs in de schoonheid in gruwel te zien. Tijdens de *Pürische Nacht* in S. "kon Brodeck zich niet aan de indruk onttrekken dat iemand in de hele wijk Kolesh edelstenen per handvol had uitgestrooid. Die gedachte gaf de kleine straat een nieuwe dimensie, fonkelend, wonderbaarlijk, als het decor van een sprookje". Deze edelstenen zijn niets anders dan het gebroken glas van de "etalages die gapten als de kaken van dode dieren". De kampen die "overal aan de andere kant van de grens zijn ontstaan [zijn] als giftige bloemen".

Poëzie is verweven met horror, niet om het te verzachten of smakelijker te maken, maar om het te onderstrepen en des te schokkender te maken. Het is echter nutteloos "als het gaat om […] overleven".

Een boodschap overbrengen

Voor Claudel moet de herinnering levend worden gehouden: ze mag niet vervagen. Zijn roman doet soms denken aan het huiveringwekkende verslag van Primo Levi (Italiaanse schrijver, 1919-1987), *If This Is a Man, dat* het verhaal vertelt van zijn gevangenschap in Auschwitz. De mensheid moet zich zeker herinneren, maar Claude wil niet veroordelen of erop aandringen dat dit nooit meer mag gebeuren: hij probeert gewoon een verhaal te schrijven om de mens te helpen de mens te begrijpen. Meer dan het herdenken van een precieze traumatische gebeurtenis wil de auteur benadrukken dat het verleden in het algemeen niet vergeten mag worden.

Het verhaal schakelt voortdurend tussen het heden, met Brodecks leven in het dorp en het schrijven van het verslag, en zijn herinneringen aan de oorlog en zijn overleven in het kamp. De gedachten van de personages stellen ons in staat de gebeurtenissen in een nieuw licht te zien, de mensen te begrijpen of althans proberen te begrijpen en wat hen ertoe aanzet op een bepaalde manier te handelen, elkaar kwaad te doen of elkaar te hulp te schieten.

Hij laat dus zien dat warmte en goedheid op elk moment kunnen verschijnen, zelfs in de slechtste situaties. Dit is precies de boodschap die hij overbrengt wanneer Brodeck van het kamp naar huis terugkeert. Onderweg kwam hij een man tegen die hem gastvrijheid aanbood, zonder vragen te stellen. "'Spreek niet,' zei hij. 'Ik ga geen vragen stellen. Ik weet niet precies waar u vandaan komt, maar ik denk dat ik het wel kan raden'". De man gaf hem zelfs kleren zodat hij naar het dorp kon terugkeren: "Ze zijn precies jouw maat. Ze waren van mijn zoon, maar hij komt niet meer terug. Het is ongetwijfeld beter zo. "We begrijpen de implicatie dat de zoon van de man waarschijnlijk een van de beulen was en dat zijn vader liever had dat hij dood was dan met deze last te moeten leven.

Claudels roman is allesbehalve een veroordeling van de mensheid en haar daden: het is eerder een ondervraging van de menselijke natuur en de relatie van de mens met zijn eigen geheugen en met wat hij niet kent.

VERDERE REFLECTIE

ENKELE VRAGEN OM OVER NA TE DENKEN...

- Wat zijn de overeenkomsten en verschillen tussen *het verslag van Brodeck* en andere werken over hetzelfde thema? Wat maakt Claudels roman origineel? Motiveer je antwoord.

- Beschrijf het karakter van de *Anderer*. Waarom hebben de dorpelingen hem vermoord?

- Is er volgens u een verband tussen de *Anderer* en Brodeck? Wat voor verband? Leg je antwoord uit.

- Waarom is Brodeck teleurgesteld in de houding van de voormalige schoolmeester, Limmat?

- Wat kunnen we zeggen over de herbergier, Schloss? Hoe ziet Brodeck hem?

- Brodeck beweert dat, hoewel hij degene was die thuiskwam, het Diodème was die eindelijk kon leven. Geef hier commentaar op.

- "Mijn naam is Brodeck en ik had er niets mee te maken. "Reageer op deze zin die de roman opent en sluit.

- Welke opvatting over het geheugen geeft de roman?

- Heeft Claudel volgens u een optimistische of pessimistische kijk op de mens in het algemeen?

- Naast de mens, reflecteert de roman op verschillende concepten. Hoe wordt angst volgens u geportretteerd? Hoe zit het met God?

VERDER LEZEN

REFERENTIE-UITGAVE

Claudel, P. (2010) *Het verslag van Brodeck*. Trans. Cullen, J. Londen: Quercus.

REFERENTIESTUDIES

Aarons, V. ed. (2016) *Third-Generation Holocaust Narratives: Memory in Memoir and Fiction*. Maryland: Lexington Books.

Levi, P. (1991) *If This Is a Man / The Truce*. Nieuwe editie. Trans. Woolf, S. Londen: Abacus.

*We horen graag van jou! Laat
een reactie achter op jouw online bibliotheek
en deel je favoriete boeken op social media!*

Waarom kiezen voor Must Read?

Kom alles te weten over een boek
met onze beknopte en diepgaande
samenvattingen en analyses!

Ontdek het beste uit de literatuur
in een compleet nieuw licht!

MUST READ BOEKANALYSE

Bonjour Tristesse

FRANÇOISE SAGAN

MUST READ BOEKANALYSE

Candide

VOLTAIRE

MUST READ BOEKANALYSE

Oscar en oma Rozerood

ÉRIC-EMMANUEL SCHMITT

MUST READ BOEKANALYSE

Een fles in de Gaza Zee

VALÉRIE ZENATTI

MUST READ BOEKANALYSE

Een geheim

PHILIPPE GRIMBERT

MUST READ BOEKANALYSE

De Vreemdeling

ALBERT CAMUS

www.50minutes.com

De uitgever garandeert de betrouwbaarheid van de gepubliceerde informatie, die echter niet onder zijn verantwoordelijkheid valt.

© 50minutes.com, 2023. Alle rechten voorbehouden.

www.50minutes.com

Master ISBN: 9782808687850
Papier ISBN: 9782808699259
Wettelijk depot: D/2023/12603/1205

Omslag: © Primento

Digitaal ontwerp: Primento, de digitale partner van uitgevers.